LE CRI

DES

PATRIOTES FRANÇAIS.

LE CRI

DES
PATRIOTES FRANÇAIS

SUR LA LOI DES ÉLECTIONS,

OU

UN MOT D'AVIS

À

LA CHAMBRE DES PAIRS,

SUR LA PROPOSITION DE M. LE M^{IS}. DE BARTHÉLEMY;

Par BENJAMIN LAROCHE.

A PARIS,

CHEZ L'HUILLIER, LIBRAIRE, RUE SERPENTE, N°. 16.

1819.

LE CRI

DES

PATRIOTES FRANÇAIS.

CHAPITRE PREMIER.

Coup-d'œil sur les deux derniers mois qui viennent de s'écouler.

UNE proposition a été faite à la Chambre des pairs, tendante à changer le mode actuel des élections. A peine cette proposition a-t-elle été connue du public, à l'instant une inquiétude générale s'est manifestée, la Bourse de Paris a vu baisser ses fonds, le crédit a chancelé sur ses bases, le commerce lui-même a été ébranlé, et un cri de désapprobation s'est élevé de toutes les parties de la France. C'est de ce cri national, de ce cri provoqué par la plus juste indignation que nous nous rendons aujourd'hui les interprètes. En cela, nous remplissons un devoir que la patrie impose à chacun de ses enfans. A Dieu ne plaise que, dans le conflit actuel de la liberté contre l'esclavage, de la raison contre l'ignorance, des lumières contre les ténèbres, nous prévoyons un échec fatal à la liberté! mais si contre l'attente générale la liberté venait à succomber, de quels mortels regrets ne seraient pas affectés les citoyens qui auraient négligé de défendre sa cause, et à l'indifférence desquels sa ruine pourrait être attribuée? Il est donc du devoir de tout citoyen honnête de montrer au grand jour cette vérité que tant de gens affectent de méconnaître, parce qu'elle leur blesse la vue. Mais avant d'entrer dans la discussion vers laquelle se portent aujourd'hui tous les regards, commençons par jeter un coup-d'œil sur les derniers mois qui viennent de s'écouler. Ce tableau servira à nous faire envisager avec plus de fruit le tableau des jours qui nous attendent, si jamais les ennemis du peuple français parvenaient à la réussite de leurs projets insensés.

Une loi des élections conforme à l'esprit du siècle, au progrès des lumières, en un mot une loi conservatrice de la liberté civile, et

par cela même chère à la nation , venait
d'obtenir son exécution franche et entière.
Vainement des hommes , qui ne sont monarchiques que de nom , et à qui nous pourrions
avec plus de raison donner le nom d'hommes
révolutionnaires qu'ils dispensent si libéra-
lement à ceux qui ne pensent pas comme eux,
car leurs desseins ne tendent évidemment
qu'à exciter une révolution dans l'Etat ; vainement ces hommes , disons-nous , essayè-
rent d'élever leurs clameurs impuissantes
contre cette loi salutaire ; leurs clameurs
furent étouffées par l'assentiment général ,
et la nation data de sa promulgation l'aurore
de sa liberté.

Les effets en furent tels que l'on devait s'y
attendre. Aucun des *ultrà* qui composaient
le cinquième sortant ne fut réélu. Un petit
nombre de ministériels vint de nouveau figu-
rer à l'Assemblée nationale , qui se peupla
de vrais indépendans , c'est-à-dire de véritables amis de la patrie. Voilà ce qui a indigné
les hommes monarchiques. Irrités de leur
faiblesse , honteux de n'avoir pu capter les
voix , ils ont fait retomber tout leur ressen-
timent sur la loi des élections , qui était la
cause de leur disgrâce. A les entendre , cette

loi, toute composée d'élémens démocrati-
ques, doit nous plonger dans les horreurs
d'une guerre civile. De là, d'ingénieux rap-
prochemens. Ils ont vu, dans notre révolution passée, les gages d'une révolution nouvelle. Enfin, ils ont réussi à diviser le ministère, dont une partie a paru embrasser
leurs opinions.

Quel triomphe pour eux! C'est alors qu'in-
sultant à la stupeur générale, ils se sont van-
tés publiquement de leur victoire ! Alors
aussi ils ont dirigé de nouveau tous leurs efforts contre cette même loi qu'ils avaient
attaquée à son origine. Mais leurs espérances
ont été déçues, les élémens du ministère ont
été renouvelés, et les hommes monarchiques, cruellement désappointés, ont jeté
des cris de rage qui n'ont pas seulement été
entendus. Quelles espérances ne promettait
point un ministère formé sous d'aussi honorables auspices! Il se présentait entouré de
l'amour de la nation, fort de ses intentions
généreuses, et tout semblait nous annoncer
un avenir prospère.

Les ennemis de la patrie étaient humiliés.
Ils déclamaient encore ; mais leurs vaines dé-
clamations se perdaient dans les airs. Ils ca-

balaient encore ; mais leurs cabales étaient
sans fruit comme leurs clameurs ; et la nation française , fière d'un ministère selon son
choix , et assurée de trouver de puissantes
garanties dans une loi des élections conforme
à la liberté, poursuivait paisiblement le cours
de ses travaux politiques , et attendait avec
calme les lois qu'elle avait depuis long-temps
réclamées.

Voilà que du sein de ce calme universel,
un nouvel incendie s'allume sur l'horizon
politique , et se prépare à vomir sur notre
belle France les brandons de la discorde.
Les auteurs de ce nouveau trouble , ce sont
encore les hommes prétendus monarchiques ; car depuis vingt-cinq ans nous les
trouvons toujours sur la route des révolutions, et ils semblent ne pouvoir subsister
que du malheur de leurs concitoyens. Le prétexte de cette attaque , c'est encore la loi des
élections ; car cette loi est la plus sûre garantie de nos libertés, et c'est pour cela que
les hommes monarchiques la poursuivent
avec tant d'acharnement. C'est ici l'occasion
de dévoiler les manœuvres et les projets de
ces éternels ennemis de nos libertés et de
nos droits.

CHAPITRE II.

Quel est le but des hommes monarchiques ?

LE peuple français est trop éclairé aujour-
d'hui pour que quelques saltimbanques politiques lui en imposent encore par des rai-
sonnemens spécieux. Vainement les deux
coryphées du parti soi-disant monarchique,
M. de Châteaubriand et M. Fiévée, s'efforcent, depuis la restauration, d'en imposer
à la crédulité publique, en voulant nous per-
suader qu'ils chérissent la Charte , qu'ils
veulent respecter la Charte ; que la Charte
est, avant tout, l'objet de leur prédilection ;
qu'il n'y a de salut pour le peuple français
que dans la Charte , etc. ; et tout ce jargon
usé qu'ils ont rhabillé et cousu de mille ma-
nières dans leurs écrits , ce qui n'a pas em-
pêché le peuple français de découvrir, à tra-
vers les trous de leur manteau politique ,
leurs véritables intentions et leurs vrais sen-

timens en opposition avec les sentimens et les intentions qu'ils proclament.

On ne l'éblouit pas d'une apparence vaine, ce peuple qu'une expérience utile a détrompé depuis long-temps des charlatans politiques. Ils s'annoncent comme les *conservateurs* de la religion ; et en exaspérant les peuples contre cette religion , ils travaillent eux-mêmes à la détruire. Ils s'annoncent comme les *conservateurs* de la morale , et toute morale est foulée aux pieds par eux et leurs adeptes, puisqu'ils calomnient journellement un peuple généreux qui dédaigne de leur demander compte de leurs outrages.

C'est donc bien vainement qu'ils espèrent tromper l'opinion sur leur compte. L'opinion a fait justice de leurs coupables menées, a dévoilé leurs desseins secrets, et a foudroyé depuis long-temps leurs espérances orgueilleuses.

Nous savons tous aujourd'hui à quoi nous en tenir sur les amis et sur les ennemis de la Charte.

Nous savons tous qu'ils ne sauraient être les amis de la Charte, ceux qui cherchent tous les jours à l'avilir, et qui invitent les citoyens à la violer.

Chassés ignominieusement de ce poste honorable qu'ils voulaient usurper, et à l'abri
duquel ils espéraient lancer leurs traits sur la
nation, examinons-les dans leur honteuse
nudité, et dépouillés des prestiges dont ils
s'entouraient. Que verrons-nous en eux?
d'irréconciliables ennemis de toute gloire et
de toute liberté nationales ; des hommes à qui
les mots de raison, de droits des peuples,
d'indépendance nationale, donnent des cris-
pations ; des hommes qui, n'ayant rien appris et rien oublié dans la grande école de
l'adversité, voudraient faire rétrograder le
siècle, prétendent mener, par de lâches li-
sières comme un enfant timide, un peuple
grand et vigoureux ; et qui, étonnés de l'impuissance de leurs efforts, ne cessent de nous
annoncer des malheurs politiques, de nous
vanter l'ignorance, de dénigrer les lumières,
comme ces oiseaux nocturnes que réjouis-
sent les ténèbres et qu'attristent les brillans
rayons de l'astre du jour. Dans l'impuissance
où ils sont de faire refluer vers sa source le
fleuve de la révolution, ils s'efforcent chaque
jour d'entacher nos institutions de quelque
forme féodale, qui leur rappelle du moins
une faible image de ces bienheureux temps

de barbarie qu'ils voudraient nous ramener.

Aussi voyez de quelle joie ils sont transportés, lorsque par hasard leur criminelle influence a réussi à introduire dans nos dispositions législatives quelque article contraire à l'esprit de la liberté ! ils s'applaudissent de leur triomphe, ils proclament sur les toits leur prétendue victoire ; et leurs Journaux, soigneux *conservateurs* des préjugés de l'ancien régime, se hâtent d'en mettre le récit sous les yeux du petit nombre de leurs adeptes. Insensés ! qui ne voient pas que de misérables subterfuges ne sauraient arrêter dans sa marche triomphante le torrent des siècles, et qui ne s'aperçoivent pas que leurs efforts sont vains pour suspendre les progrès du temps et de la raison qui se donnent la main, et qu'eux-mêmes, enfin, sont entraînés par cette force invincible à laquelle tout doit céder un jour, le riche comme le pauvre, l'insensé comme le sage.

Heureusement une ligue formidable d'amis sincères de la liberté présente aujourd'hui un inexpugnable rempart à leurs projets féodaux ; mais il n'est que trop vrai que leurs efforts n'ont pu toujours être vains : 1815 est là pour en faire foi ; et la France, respi-

rant à peine de leur tyrannie passagère , a
appris , à ses dépens , ce que c'est que le
gouvernement lorsqu'il est entre leurs mains,
ce que c'est que la justice lorsque ce sont eux
qui l'administrent. Cette leçon , toute terrible , toute sanglante qu'elle a été, a eu pourtant cela d'utile , qu'elle a pour jamais mis la
nation française en garde contre ces éternels
ennemis de son repos. Elle sait aujourd'hui ,
et elle n'en perdra pas la mémoire ; elle sait ,
dis-je, que les mots d'oubli, de pardon , de
modération , d'équité , signifient dans leur
bouche , injustice , représailles , proscriptions , échafauds.

Cependant, que la nation ne s'aveugle pas
par une négligente sécurité ; ses ennemis res-
pirent encore, ils n'ont pas perdu tout espoir.
Que dis-je ? cet espoir vient de se réveiller
par une explosion formidable , qui attire en
ce moment l'attention de tous les amis de la
patrie ; nous voulons parler de la proposition faite à la Chambre des pairs, par M. le
marquis de Barthélemy.

CHAPITRE III.

Comment les hommes monarchiques espèrent-ils faire servir à leurs desseins une nouvelle loi des élections ?

Les hommes monarchiques ont dit : « Le » gouvernement constitutionnel a été établi » contre notre vœu. Ce gouvernement trom- » pe notre ambition et frustre nos espéran- » ces. Il repose tout entier sur une repré- » sentation nationale. Nous ne pouvons la ». détruire, puisque la Charte la consacre ; » mais rendons-la nulle et nous aurons dé- » truit le gouvernement constitutionnel qui » ne repose que sur elle. »

Ils avaient réussi à exécuter ce plan, lorsqu'à la seconde restauration la nation vit avec effroi des mandataires sans mandat, des représentans qui ne représentaient rien que leurs intérêts, leur haine et leur vengeance, usurper avec insolence les banquettes de la représentation nationale. Tous les cœurs français retentissent encore de ces fougueuses philippiques qui, du haut de la tribune, ont porté l'effroi dans les chaumières, et le deuil dans tous les cœurs. Alors la nation indignée se demanda avec étonnement si la contre-révolution était arrivée, et si 28 millions de Français allaient être jugés au tribunal de quelques hommes qui s'intitulaient fièrement la nation , et qui donnaient au reste du peuple le nom de faction. Nous avons vu les suites de ce sanglant système. Nous avons vu ce qu'ils ont fait: voyons ce qu'ils veulent faire. Notre représentation nationale repose sur une bonne loi des élections. Je dis une bonne loi, car si la loi était vicieuse, la représentation ne serait plus nationale , puisqu'elle ne représenterait plus la nation; or, comme les hommes de 1815 n'ont rien de commun avec la nation, où ils sont en trop petit nombre pour obtenir jamais aucune prépondérance, une représentation qui représenterait la nation ne saurait leur convenir; il leur faut une représentation qui ne représente que leur parti.

Or , comment atteindre à ce but avec une loi qui admet à voter tous les Français âgés de trente ans qui paieront trois cents francs de contributions? il faut donc changer une telle loi, et la remplacer par une autre loi qui rende illusoire ce droit ridicule que veulent s'arroger les Français de nommer eux-mêmes les défenseurs de leurs droits et de leurs libertés. Tel est l'objet de la proposition de M. de Barthélemy. Ne nous étonnons donc point si elle a été accueillie par des cris de joie par tous les apôtres du despotisme, desquels je n'excepte pas certains hommes, qui ayant donné des gages à la révolution, ne s'en déclarent pas moins les ennemis de cette révolution salutaire, comme s'ils se repentaient d'avoir fait le bien, et qu'ils voulussent s'en dédommager aujourd'hui en faisant le mal. Laissons donc ces hommes se réunir aux hommes prétendus monarchiques. Leur conduite prouve seulement qu'ils n'ont servi la liberté que parce qu'un despote leur manquait alors, et qu'il fallait bien qu'ils servissent quelque chose.

CHAPITRE IV.

La Chambre des pairs est-elle compétente dans la question dont il s'agit ?

Quoi qu'il en soit, la Chambre des pairs a accueilli cette étrange proposition, et a déclaré qu'elle s'en occuperait dans ses bureaux. Si nous ne considérons que l'essence d'une Chambre des pairs, que les élémens dont elle se compose, une décision aussi étrange ne nous étonnera pas. En effet, la Chambre des pairs n'est composée que de membres qui doivent au roi leur nomination à la pairie, et les avantages qui en découlent. Conséquemment une pareille Chambre n'épargnera jamais rien de ce qui pourra porter atteinte à la liberté du peuple, et accroître les pouvoirs de la couronne. Il ne serait donc pas étonnant que la Chambre des pairs n'eût vu dans la proposition de M. le marquis de Barthélemy, et dans la décision qui l'a suivie , qu'une occasion de faire *sa cour à la cour* , et de servir *le roi quand même* ! Nous prouverons plus tard combien la Chambre des pairs se trompe dans cette hypothèse, puisque la liberté des peuples est la plus sûre garantie des trônes, et qu'au contraire rien n'est moins solide qu'un trône soutenu par des mains esclaves. Nous prouverons également que l'intérêt de la Chambre des pairs ne s'y oppose pas moins que l'intérêt du monarque. Mais avant d'entrer dans cette discussion, il importe d'éclaircir une question préjudicielle qui se présente naturellement à tous les esprits. La Chambre des pairs est-elle compétente dans une question de ce genre ? Une Chambre a-t-elle le droit de s'immiscer dans les affaires intérieures et personnelles de l'autre ? Avant de répondre à ces questions, établissons d'abord une différence essentielle qui existe dans les attributions des deux Chambres.

Si l'on me demande : « la Chambre des » communes a-t-elle le droit de s'immiscer » dans les affaires de la Chambre des pairs ? » Je repondrai : oui, en ce qui concerne le budjet de cette Chambre ; nullement, en ce qui concerne ses autres rapports. En effet, il est de toute justice que la Chambre qui est spécialement chargée de la discussion des différens budjets ait le droit d'examiner le budjet de l'autre Chambre, comme elle a le droit d'examiner le budjet des ministres. En vain m'objectera-t-on que les pouvoirs des deux Chambres sont deux pouvoirs essentiellement distincts ; cette distinction n'empêche pas la prérogative de la Chambre des communes. Le pouvoir exécutif, représenté par le roi et les ministres, est aussi un pouvoir distinct de la Chambre des communes, et pourtant c'est à elle que le pouvoir exécutif soumet ses différens budjets. Pourquoi la Chambre des pairs ne serait-elle pas également soumise à cette loi commune qui enchaîne tous les pouvoirs de la monarchie constitutionnelle ? En effet, le budjet de la Chambre des pairs, et les appointemens affectés à ses membres, sont prélevés sur l'impôt : or, aux représentans du peuple seuls appartient le droit de voter l'impôt : d'où je conclus que les représentans du peuple ont le droit d'exiger qu'on laisse le peuple voir clair dans ses affaires ; ce qui serait de toute impossibilité si une portion de l'impôt était

soustraite aux regards de la Chambre des communes. Ainsi la Chambre des communes a le droit de s'immiscer dans la partie financière de la Chambre des pairs ; et certes on ne lui contestera pas un droit aussi naturel : mais si cette même Chambre des communes voulait s'immiscer dans l'organisation intérieure de la haute Chambre, elle outrepasserait ses pouvoirs. En effet, ces deux Chambres n'existent l'une et l'autre qu'en vertu d'un pacte commun, qui est la Charte. Cette même Charte a réglé leurs organisations respectives. Si l'une des Chambres s'avisait de contester ses titres à l'autre, celle-ci lui répondrait : « Nous devons l'existence à une
» mère commune ; si vous trouvez dans mon
» organisation quelque chose d'illégitime,
» comme nous sommes sœurs, cette illégiti-
» mité retombera sur vous - même ; car la
» même volonté a procédé à notre création.
» Attaquer l'un des articles sur lesquels re-
» pose l'existence de l'une, c'est compromet-
» tre l'existence de l'autre. De deux choses
» l'une, ou mon organisation fixée par la
» Charte est irrévocable, et alors vous par-
» ticipez à cette irrévocabilité ; ou elle est
» révocable malgré la Charte, et alors vous

» devez partager mon destin, et vous con-
» former à tous les changemens que l'on
» voudra vous faire subir, et même à votre
» abolition si elle est jugée nécessaire ; car
» vous nous aurez appris que le pacte qui
» nous a instituées l'une et l'autre, n'est
» point obligatoire. » Qu'on me conteste la
justesse de ce raisonnement, et je suis prêt
à faire le sacrifice de mon opinion. Nous
avons donc le droit de conclure que la Chambre des communes, fondée de pouvoirs pour
s'immiscer dans les affaires financières de la
Chambre des pairs, ne saurait en aucune ma-
nière s'arroger le droit de s'immiscer dans
son organisation intérieure, et dans ceux de
ses rapports qui sont étrangers aux finances.
Or, nous en appelons à la bonne foi de nos
lecteurs, pourquoi la Chambre des pairs
s'arrogerait-elle une prérogative qui est in-
terdite à la Chambre des communes ? Ne se-
rait-on pas en droit, dans ce dernier cas, de
lui appliquer le raisonnement que nous ve-
nons de faire ? Et à quelles conséquences en-
traînantes la Chambre des pairs ne serait-elle
pas amenée alors ? Il ne s'agirait de rien
moins que de mettre en question son existence ; car il ne serait pas difficile de prou-

ver , et cela sans violer l'esprit de la Charte , mais en se conformant à cet esprit, qu'une Chambre des pairs est un *monstre* dans l'organisation d'un État qui repose tout entier sur une Charte dont le dogme le plus solennel est l'entier abolissement des priviléges. Or, la pairie est évidemment un privilége, d'autant plus révoltant qu'il n'est pas seulement provisoire, ce qui laisserait au moins, aux amis de la patrie, l'espoir d'en voir l'extinction ; mais qu'il est au contraire immortel, puisqu'il se transmet par l'hérédité. Voilà ce que l'on prouverait, appuyé sur la Charte même. Il serait encore plus facile de prouver que le but que la Charte s'était proposé, en dérogeant aussi évidemment à son principe fondamental, n'a point été atteint. En effet, le but du législateur était d'établir un contrepoids utile entre le pouvoir démocratique et la puissance royale, en empêchant l'un d'absorber l'autre. Or, pour ne nous occuper ici que de la puissance royale, il est plus que probable que si jamais une Chambre des représentans était assez lâche, assez dépravée pour laisser envahir les libertés du peuple, et pour vendre au monarque les droits de ses commettans, il est plus que probable,

dis-je , que cette dépravation effroyable aurait commencé par la Chambre des pairs ,
qui , placée plus immédiatement sous l'empire des faveurs royales , donnera toujours à
la Chambre des communes l'exemple des
concessions dangereuses. En conséquence ,
comment cette Chambre s'opposera-t-elle à
l'envahissement du pouvoir royal ? Donc ,
dans l'hypothèse ci-dessus , l'espoir donné
par la Charte est illusoire.

Nous ne pousserons pas plus loin des conséquences de cette nature : il nous suffit d'a-
voir prouvé que la proposition de M. le marquis de Barthélemy ne sert nullement les intérêts de la Chambre des pairs , puisque ,
bien loin de là , elle compromet violemment
son existence. On s'est convaincu pareillement que la compétence de la Chambre des
pairs peut être raisonnablement révoquée
en doute. Il nous reste à examiner si c'est
servir utilement la royauté que d'ôter à un
peuple ses garanties. La loi des élections ,
attendue avec impatience par la nation , est
enfin venue remplir nos vœux et nos espérances. A l'apparition de cette loi propice ,
nous avons salué l'aurore de la liberté. « En-
» fin , disions-nous , grâce à un ministère

» défenseur de la Charte, la Charte a reçu
» son complément ; nous ne l'attesterons
» plus en vain cette Charte sacrée ; elle nous
» a tenu ses promesses. La loi des élections,
» en appelant indistinctement, sur toute la
» surface de la France , un plus grand nom-
» bre de citoyens aux choix de leurs dépu-
» tés , a rendu un éclatant hommage à la
» dignité du peuple. »

Aussi voyez comme le peuple s'est montré
digne de la noble confiance de son monarque.
A quelle époque de notre révolution les opé-
rations électorales se sont-elles passées avec
plus de calme ? A quelle époque les désordres
ont-ils été moins fréquens ?... Et cependant à
entendre certains orateurs , quels troubles
ne devaient point accompagner cette réunion
nombreuse d'électeurs de toutes les classes ?
à combien de maux ne devions-nous point
nous attendre ? l'Etat allait périr, la patrie
allait être en proie à d'effroyables déchire-
mens, parce que la France allait jouir des
prérogatives qui lui sont attribuées par la
Charte. Ah! s'il faut craindre les déchire-
mens et les convulsions politiques , ce n'est
pas lorsque les peuples jouissent paisiblement de leurs droits et sont assurés d'être

libres ; c'est plutôt lorsque des mains témé-
raires s'efforcent de leur retirer les droits
dont ils commençaient à peine à jouir. Croit-
on qu'il soit si facile de soumettre au joug du
despotisme un peuple qui a goûté le fruit de
la liberté? C'est alors, mais seulement alors,
qu'il faut tout craindre du désespoir d'un tel
peuple, et un peuple au désespoir est invincible. Le peuple Français a accepté avec reconnaissance la loi des élections ; croit-on
qu'il se la laissera facilement enlever ? Il voit
dans cette loi le palladium de sa liberté ; peut-
on raisonnablement espérer qu'il en fasse
volontairement le sacrifice? Insensés! qui ne
rêvez que de nouveaux troubles, n'avez-vous
pas vu avec quelle avidité le peuple s'est em-
paré de cette loi salutaire ? il l'a placée sous
sa sauve-garde immédiate, et malheur à qui
voudrait la lui arracher! Il se souviendrait
que des droits pour être concédés n'en sont
pas moins des droits, et qu'une fois octroyés
ils deviennent la propriété immuable du peuple qui les a reçus, et qui, sous peine de se
déshonorer dans la postérité, doit les trans-
mette en héritage à ses descendans.

Nous laissons penser aux hommes sages si
la royauté trouverait sa sûreté dans cette fer

mentation des peuples. Car, pour être persuadé que cette fermentation aurait lieu, il suffit de savoir qu'il n'est pas facile, au siècle des lumières, de déposséder un grand peuple de l'héritage de la liberté. Or, pour apprécier les difficultés et les dangers terribles d'une pareille entreprise, examinons les garanties que présente la loi des élections telle que nous la possédons et telle que la Charte nous l'avait promise, et comparons-lui le mode que les ennemis de nos libertés prétendent lui substituer. Ainsi nous aurons la mesure de nos garanties présentes et de nos dangers futurs.

CHAPITRE V.

Quel est le mode d'élection que les hommes monar-
chiques prétendent substituer au mode actuel ?

L'AUTEUR de la proposition faite à la Chambre des pairs n'a point spécifié les changemens qu'il veut apporter à la loi actuelle des élections ; mais nous connaissons à quelle espèce de gens nous avons affaire. Nous savons que toute espèce de changement apporté par de tels hommes ne peut être que fatale à la cause de la liberté. Il est plus que probable que l'intentiou manifeste des hommes monarchiques est de restreindre le nombre des électeurs. Pour peu qu'on voulût les écouter, eux seuls seraient admis à voter ; ne pouvant pousser l'insolence jusqu'à ce point, ils s'efforcent du moins d'introduire un mode d'élection qui rende à peu près nulle l'intervention du peuple, et qui laisse à leur caprice le choix des députés de la nation. Or, le moyen

le plus favorable pour eux de parvenir à un
semblable résultat, c'est de rétablir les colléges de canton et les colléges de départe-
ment. N'en doutons point, c'est là évidemment leur but. Examinons donc ce système,
et prouvons à nos lecteurs combien il est
subversif de toute espèce de liberté. On se
souvient du temps où un despote impérieux,
après avoir anéanti jusqu'au fantôme de ré-
publique qu'il avait feint de maintenir sous le
nom de consulat, donna à la nation une om-
bre de représentation dans son corps législatif et dans son sénat conservateur. On sait
que pour nommer les membres de ce corps
législatif, les colléges cantonnaux s'assem-
blaient à l'effet de choisir, non les députés
de la nation, mais seulement les électeurs de
ces députés. On sait qu'en réalité le choix
définitif des candidats à la députation était
entre les mains de quelques gros proprié-
taires qui en faisaient un commerce d'intri-
gue. On sait encore que c'était au sénat qu'é-
tait réservé le droit exclusif de choisir parmi
ces candidats les hommes que leur adulation
désignait au chef de l'Etat comme dignes d'o-
piner aveuglément dans une assemblée de
muets. Il était impossible d'entasser à la fois

plus d'absurdités, et de se jouer plus insolem-
ment du peuple Français.

Et voilà le système dérisoire qu'on prétend
substituer à la loi actuelle ! Certes, il faut
avoir une opinion bien étendue de la patience
du peuple français, pour croire qu'il souf-
frira paisiblement qu'on lui enlève une loi
raisonnable et conforme à ses vœux, pour
mettre à la place l'organisation la plus lâche
et la plus servile qui pût venir à l'idée d'un
insolent despote. Si de pareilles idées ve-
naient à dominer parmi nous, je ne sais de
quoi l'on devrait le plus s'étonner, ou de la lâ-
cheté de ceux qui ont osé proposer le retour
de ces momeries serviles, ou de la coupable
indifférence d'un peuple qui les accepterait.
« De quoi vous plaignez-vous, nous répon-
» dront ces ennemis de la France, la France
» n'a-t-elle pas vécu sous l'empire de ce sys-
» tème que vous attaquez ? pourquoi n'avez-
» vous pas fait retentir vos éloquentes décla-
» mations lorsque celui que vous nommez
» despote a établi les constitutions de son
» empire passager ? L'expérience a prouvé
» que la France pouvait exister sous un sem-
» blable système, puisque c'est dans le même
» temps qu'elle a étonné le monde par la

» grandeur de son attitude. » Oui, sans doute, la France a pu subsister sous un semblable système ; elle a bien aussi subsisté sous le régime qui précéda 89 ; elle aurait également subsisté sous le gouvernement des pachas de Constantinople ; mais pour cela faire, rendez-lui donc l'ignorance qu'elle avait, ôtez-lui l'expérience qu'elle n'avait pas avant 89, ou répandez parmi les peuples l'abrutissement et le fanatisme des peuples du Bosphore ; alors, en toute sécurité, vous dresserez des auto-da-fé, vous commanderez des dragonnades, vous attacherez des têtes aux portes de vos sérails ; mais jusqu'à cet heureux changement, vos dragonnades seront repoussées par un peuple éclairé, vos auto-da-fé ne serviront qu'à vous-mêmes, et la tête d'aucun Français, si ce n'est la vôtre peut-être, ne tapissera les murs de vos sérails. Et pour ne parler que du gouvernement impérial, si vous voulez nous ramener sa servitude et son despotisme, rendez-nous donc aussi ses victoires, ses trophées et ses conquêtes ; ressuscitez-nous les héros de Marengo, d'Austerlitz et d'Iéna ; alors, peut-être alors, consentirons-nous à oublier la liberté pour la gloire ; je dis peut-être, car

je suppose que le peuple français est pour
jamais détrompé de la gloire des conquêtes ;
et que toute son ambition sera désormais
d'assurer sa liberté intérieure et son indépendance extérieure , sans attenter jamais
à l'indépendance des [autres peuples. Cette
gloire lui a coûté de trop grands sacrifices
pour qu'il essaie jamais de l'acheter encore
au même prix, et parmi ces sacrifices je mets
en première ligne le sacrifice de sa liberté
civile, qui a eu tant de peine à se relever des
coups que lui avait portés le despotisme mi-
litaire, et qui, à peine échappée à la tyrannie
du glaive, se voit encore journellement obli-
gée de lutter contre la tyrannie des préjugés.
Fasse le ciel qu'elle sorte victorieuse de cette
dernière crise !

Oui, sans doute, le peuple français a été
égaré par le fanatisme de la gloire, qui avait
été amené par le fanatisme de la liberté ; car
la France n'a pas été la première à lever l'é-
tendard de la guerre ; elle n'a pris les armes,
en 1792, que pour conquérir son indépendance, que menaçaient les rois de l'Europe.
Heureuse si elle s'était arrêtée après ses victoires, et si, enivrée par ses étonnans succès,
elle n'avait point formé le projet d'asservir

la liberté des peuples qui avaient voulu asservir la sienne ! Mais enfin la France, ren-
trée dans ses anciennes limites à la restauration, a mis fin à ses travaux guerriers, et
s'est élancée avec ardeur dans une nouvelle
carrière, dans la carrière de la liberté, non
de cette liberté effrénée qui avait couvert la
France de sang français, mais de cette liberté
sage qu'elle avait réclamée à la face du monde
en 89. Cette carrière, elle l'a poursuivie jusqu'à ce jour ; elle la poursuivra encore malgré
les obstacles que ses ennemis ne cessent de
semer sur son passage. Les hommes monarchiques auraient-ils donc des yeux pour ne
point voir ? Quoi ! ce changement d'impulsion
dans les désirs du peuple français n'a point
encore frappé leurs regards ? Quoi ! ils n'ont
point vu que le peuple français a résolu de
marcher à la conquête de ses droits et de ses
libertés avec la même ardeur qu'il marchait
jadis à la conquête de la gloire, et que, dût
cette seconde entreprise lui coûter autant
de sang que la première, il n'en continuera
pas moins sa marche ? Et ces hommes veulent qu'un pareil peuple, lorsqu'il a été si
cruellement désabusé de la vanité des triom
phes guerriers, reprenne servilement des fer

que parait du moins la gloire et qu'ennoblis-
saient les lauriers , sans que nul prestige
puisse désormais lui cacher la honte de son
esclavage. Alors la France toute entière était
au milieu des camps; elle s'occupait à choisir
de bons soldats, et non de bons députés.
Appuyée sur son épée , elle abandonnait le
maniement de ses finances, et le maintien de
sa constitution et de ses droits, à l'homme
qui la guidait à la victoire. Rome n'était plus
dans Rome ; aujourd'hui la France entière
est dans la France : et nul objet ne pouvant
plus la distraire de ce grand objet, elle a jeté
les yeux sur sa constitution , sur le ridicule
mode d'élection qu'on lui avait proposé, elle
a souri de pitié , et tout cet échafaudage
de servitude s'est écroulé pour faire place à
une Charte libérale. Dans ce grand pacte, le
peuple français a repris la place qu'il n'aurait
jamais dû perdre. Cette place est la première,
et son souverain n'a occupé désormais que
le second plan; bien différent de ses pré-
décesseurs, qui avaient tous dit , depuis le
premier jusqu'au dernier : *L'Etat, c'est moi.*
Non, l'Etat n'est pas vous, pourrait-on leur
répondre dans le siècle des lumières , car
vous n'êtes qu'un accessoire dans l'Etat;

accessoire nécessaire, il est vrai, dans l'ordre de la constitution, mais qui ne saurait,
sans outrepasser ses pouvoirs, usurper le
premier rôle, qui est exclusivement réservé
au peuple, sans lequel il n'y aurait ni rois ni
constitutions, et pour le service duquel,
en définitif, ont été créés les constitutions
et les rois. Il s'ensuivra de là que le peuple,
auquel seul peut être applicable cette déno-
mination de souverain que se sont impropre-
ment attribuée les rois, a le droit de faire des
changemens à sa constitution, ce qui n'en-
traîne pas la conséquence qu'il peut juger ses
rois et les envoyer à la mort, comme cela est
arrivé quelquefois dans l'effervescence des
convulsions politiques; je veux dire seulement
que chacun étant libre de régler ses affaires
comme il l'entend, et qu'une constitution
étant essentiellement l'affaire du peuple que
cette constitution gouverne, le peuple a le
droit de lui faire subir les modifications ju-
gées par lui convenables. Mais ce droit, qu'il
ne possède évidemment qu'en qualité de
maître de la maison, qui oserait dire qu'il
peut être exercé par un membre du corps
politique, par le roi, par exemple, sans
l'autorisation du peuple ? et dans le cas où

un roi, qui n'est que le premier délégué de
son peuple, oserait s'attribuer ce droit sacré
et porter une main téméraire sur le pacte
qu'il aurait juré d'observer, au nom et pour
le service de la nation; qui oserait contester
à la nation le droit de s'opposer à cet envahissement de pouvoir? et si une des Chambres composant la partie aristocratique de la
constitution osait provoquer, de la part du
premier délégué de la nation, un acte semblable, qui pourrait blâmer la nation si elle
brisait les liens qui l'unissent à cette Chambre?
et si cette Chambre venait à être détruite
sans compromettre la solidité de l'édifice
constitutionnel, ce qui n'est pas impossible,
comme nous l'avons prouvé plus haut, qui
accuserait-on de cette ruine? la nation, qui
n'aurait cédé qu'au sentiment de sa sûreté ;
ou la Chambre, qui aurait provoqué sa pro-
pre destruction. Je soumets ces importantes
questions à la Chambre des pairs, et je ne
doute point que les membres qui composent
cette assemblée ne soient intimement con-
vaincus :

1°. Que la Chambre des pairs est incom-
pétente, parce qu'étant essentiellement aristocratique, il ne lui appartient pas de régler
les intérêts de la démocratie;

2°. Que cette déclaration de guerre dirigée contre la Chambre des communes est
contraire aux intérêts de la Chambre des pairs,
parce qu'elle peut motiver une attaque semblable de la part de la Chambre des communes, et que, dans ce conflit des deux Chambres, il est probable que l'avantage ne res-
terait pas à la Chambre des pairs, dont
l'existence serait même gravement compro-
mise;

3°. Que la proposition d'un changement
quelconque à une loi qui fait la base de la
représentation nationale, c'est-à-dire de
la partie la plus importante de notre constitution, exposerait le trône à de grands
dangers :

1°. Parce qu'il faudrait violer la Charte,
et que, la Charte ôtée, le trône s'écroule;

2°. Parce que les dispositions que l'on subs-
tituerait aux dispositions actuellement exis-
tantes, ne suppléant pas à ce que la Charte
avait accordé, irriteront le peuple, qui verra
dans cette démarche un dessein formel de
lui ravir ses droits, et de mettre de nouveau
la Charte en question;

3°. Parce que le peuple français est bien
décidé à ne plus transiger sur ses droits et

sur sa liberté, vu qu'il est las des révolutions, et que les révolutions ne naissent que du combat de l'esclavage contre la liberté. Or, introduire dans une constitution libre des élémens de servitude et de despotisme, c'est introduire dans l'Etat des germes perpétuels de discordes et de dissensions civiles, et la France est fatiguée de tout cela.

Nous ne doutons point que ces raisons ne soient péremptoires pour la Chambre des pairs, et nous sommes intimement persuadés qu'elle ne fera pas parvenir au roi la proposition de M. de Barthélemy. Toutefois, comme il est impossible d'assigner des bornes aux infirmités humaines, et qu'un aveuglement inexplicable peut fermer les yeux de cette Chambre à la lumière de la vérité, supposons la proposition de l'ex-sénateur parvenue au roi, revêtue de la sanction de la Chambre haute.

CHAPITRE VI.

Quelle sera, selon toutes les probabilités, la conduite du roi et des ministres dans cette circonstance ?

La déclaration de guerre de la Chambre des pairs contre la Chambre des communes est évidemment la lutte de l'aristocratie contre la démocratie. Quel parti doit prendre le roi ? Dans un gouvernement despotique, la réponse n'est pas douteuse ; un despote, en sa qualité de despote, immolera le peuple au caprice des grands, parce qu'il sent que l'aristocratie est le soutien naturel du despotisme ; mais si le peuple n'est pas entièrement abruti, ce despote ne régnera pas long-tems, *et le lecteur sait bien pourquoi.* Dans un gouvernement constitutionnel, au contraire, il me semble que la réponse devra être différente. En effet, le salut d'un trône constitutionnel tient à des causes plus relevées que l'existence du trône d'un despote. Plus celui-ci aura d'esclaves puissans, plus il ac-

croîtra sa force personnelle. Il a donc intérêt à soutenir les intérêts de cette foule de
petits despotes qui font cause commune avec
lui pour opprimer les peuples. Plus, au
contraire , un roi constitutionnel comptera
d'hommes libres dans ses Etats, plus grande
sera sa force, plus inébranlable sera sa puissance. En effet , qu'aura-t-il à craindre de
son peuple ? une révolte ? à quoi tendrait-
elle ? quel serait le but d'une révolution chez
un tel peuple ? la liberté ? il la possède pleine
et entière à l'abri d'une constitution sage ,
et il s'exposerait à la perdre au milieu des
tourmentes révolutionnaires. L'égalité ? elle
est assurée à tous par la loi , et le roi a
su rendre nuls les efforts de l'aristocratie
pour détruire cette égalité.

La nation s'unira donc franchement à lui ,
parce qu'il s'est uni franchement à la nation.
Son trône sera donc en sûreté ; mais si ce
trône était menacé par des factieux ou par
l'ennemi extérieur, c'est alors qu'il se con-
vaincrait de cette vérité immuable , qu'il n'y
a de stables et d'inébranlables que les gou-
vernemens appuyés sur la faveur et sur la liberté des peuples.

En effet , il aura tout à espérer de la nation. Il a respecté ses droits ; il n'a point rendu illusoires les dispositions du pacte constitutionnel ; il les a , au contraire , franchement exécutées. Il peut dormir tranquille. L'étranger peut paraître , les factieux peuvent se montrer. Quels dangers seront à craindre pour lui ? il trouvera un rempart invincible dans chaque citoyen. Il n'en serait pas de même d'un roi constitutionnel qui aurait sacrifié l'intérêt de la nation aux intérêts d'une minorité coupable , qui aurait souffert qu'on s'armât de son assentiment pour abroger une des bases fondamentales de l'édifice constitutionnel. Ce roi se verrait abandonné au jour du danger , et la nation qu'il aurait trompée applaudirait la première à sa chute.

Si ces raisons sont palpables pour tous les rois , elles le seront surtout pour un roi élevé à l'école de l'adversité , et qui a vu les funestes effets de ces coupables réticences. Lorsque de la terre d'exil il entendit s'écrouler le trône de sa famille , combien il dut gémir sur la fatalité qui, forçant un roi plein d'intentions irréprochables, à se rendre à de perfides conseils et à de perfides suggestions , l'a amené peu à peu , de faute en faute et d'erreur en erreur, jusqu'au dernier période des infortunes humaines. Cette grande leçon ne sera pas perdue pour son successeur. Et, chose étrange, les mêmes hommes , les mêmes opinions qui ont amené la ruine du premier , conspirent la perte du second ; comme si la France était destinée à être une arêne perpétuelle de révolutions ! voilà pour le roi. Si nous abordons maintenant la question des ministres, nous n'aurons qu'à jeter un coup-d'œil sur les membres qui composent le ministère pour nous rassurer pleinement. A leur tête est un homme cher à la patrie , à laquelle il a laissé concevoir de grandes et généreuses espérances ; il sait que ses ennemis sont les nôtres : aussi la faveur publique s'est plu à l'entourer ; elle l'entourera long-temps , pourvu qu'il éloigne de coupables suggestions , pourvu qu'il n'abandonne pas la cause sacrée du peuple. Je sais que les ennemis de ce peuple généreux le calomnient chaque jour ; que M. de Cazes n'ajoute point foi à ces calomnies. « Défiez-vous du peuple , lui disent les ennemis du repos de la France : *Furor populi, tenuis et fluxa.* Le peuple est inconstant ; sa faveur échappe comme une onde.» Non , le peuple n'est point inconstant ; il reste fidèle à quiconque lui reste fidèle à son tour. Il protégera de son estime et de son amour le ministre généreux qui protégera ses libertés constitutionnelles ; sa faveur le suivra dans ses nobles travaux entrepris pour le service de la patrie , le fortifiera contre ses ennemis , et le fera triompher de leurs vaines clameurs. M. de Cazes a beaucoup fait. L'ordonnance du 5 septembre , la loi des élections lui acquerront à jamais des droits à la vénération de nos neveux ; mais il n'a rien fait s'il laisse détruire son ouvrage , et s'il ne défend pas de tout l'ascendant de son grand caractère cette loi des élections , qui a attiré sur sa tête les bénédictions de vingt-huit millions d'hommes qui ont vu dans cette loi le gage le plus précieux de leurs libertés civiles. Je dis plus. Tous les membres qui composent le ministère actuel ne sont pas moins intéressés que M. de Cazes au soutien de la loi des élections. Qu'ils se rappellent les causes de la chute du dernier ministère ; ils verront que cette chute doit être attribuée à l'intention qu'on supposait à quelques-uns de ses membres de vouloir

faire subir des changemens à la loi des élections. Si cette crainte seule, manifestée par
le peuple français, a suffi pour renverser
le dernier ministère, il est probable que
si le ministère actuel ne montrait pas pour
cette loi des dispositions plus bienveillantes,
il subirait le sort du ministère qui l'a pré-
cédé. Qu'il songe de quelle immense responsabilité il se chargerait, s'il souffrait
que, sous son administration, une loi si
importante fût abrogée pour être remplacée
par une loi ridicule. Ce serait sur les ministres que retomberait le long concert de
malédictions qui s'éleverait à l'instant même
de toutes les parties de la France. Pilotes
imprudens commis au gouvernail de l'État,
ils seraient responsables devant la France
entière des malheurs qu'entraînerait cette
mesure désastreuse ; ils auraient bravé la
nation ; ils auraient embrassé le parti de ses
ennemis. Mais leur triomphe serait de courte
durée, bientôt ils seraient précipités eux-
mêmes, et le mépris public les suivrait
encore dans leur retraite. De quelle gloire,
au contraire, ne peuvent-ils pas se couvrir
en donnant aujourd'hui à la nation française
une preuve éclatante de leur amour pour

elle ! Quels nouveaux droits n'acquerront-ils pas à la reconnaissance publique, si, par leur sage influence, ils parviennent à faire échouer les criminels efforts des ennemis des libertés nationales ! Déjà M. de Cazes leur a donné ce noble exemple ; sa voix généreuse s'est fait entendre après celle de l'auteur de la proposition, et tous les cœurs français ont tressailli en entendant ses accens patriotiques. M. de Cazes a déclaré que détruire la loi des élections, c'était vouloir exciter une guerre civile. Nous partageons les sentimens de M. de Cazes, et nous ajouterons que, s'endormir dans une oisive indifférence, et ne pas opposer tous ses efforts au torrent qui menace d'engloutir les libertés publiques, c'est se rendre complice des maux qui peuvent être occasionnés, et attirer sur sa tête une responsabilité terrible ; car au jour des vengeances, si ce jour venait jamais à luire (ce qui n'est à désirer ni pour elle ni pour ses ennemis), la nation ne distinguera pas dans sa juste colère ceux qui auront fait le mal de ceux qui l'auront laissé faire. Puissent les ministres se pénétrer de cette vérité, pour leur repos et pour le repos du peuple qu'ils gouvernent !

CHAPITRE VII.

Quelle sera l'attitude de la Chambre des communes dans ces graves circonstances ?

Nous avons prouvé que si le ministère donnait son approbation à la proposition faite à la Chambre des pairs et contresignait le projet de loi qui changerait la loi des élections, et ébranlerait la liberté publique dans ses bases les plus profondes, cette conduite entraînerait nécessairement sa chute, en attirant sur lui le mépris public. Mais nous ne nous dissimulerons pas qu'il peut arriver que le monarque soit dominé par des sentimens opposés à ceux de ses ministres. Que doit faire alors un ministre loyal et généreux ? Donner sa démission et se retirer du ministère en emportant les vœux et l'amour des Français ! Cette conduite lui est prescrite par l'honneur, et je dirai plus, par la plus rigoureuse nécessité. De quel front, par exemple, M. de Cazes contre-signerait-il et présenterait-il une loi destructive d'une loi antérieure qui est son ouvrage ? Ce serait se déshonorer aux yeux de la France, aux yeux de l'Europe attentive à nos débats, aux yeux du monde entier. Il est donc probable que ce ministre donnerait sa démission plutôt que de souscrire lui-même à son avilissement; et la reconnaissance publique serait le prix de cet éclatant hommage rendu à la nation française. Or, comme le ministère actuel est composé d'élémens homogènes, on ne saurait douter que la démission de ce ministre n'entrainât celle des autres. Supposons donc qu'une inconcevable fatalité nous amène à un semblable résultat ; supposons un nouveau ministère remplaçant au timon de l'Etat le ministère actuel : voilà des ministres atteints d'une réprobation générale, chargés de présenter à la Chambre des communes et de soutenir de tous leurs moyens une nouvelle organisation des colléges électoraux. J'en appelle à tous les Français de bonne foi, quel est celui d'entr'eux qui consentît à se charger d'un rôle si pénible et si humiliant ? Lorsque le nouveau ministre de l'intérieur, le projet de loi à la main, sera monté à la tribune nationale, lorsque de là promenant ses regards sur cette assemblée imposante, à laquelle il va solennellement insulter, il lira sur tous les visages des marques non équivoques d'indignation, lorsqu'il entendra des murmures, signes éclatans d'un mécontentement général, de quel front cet homme osera-t-il obéir au trône dont il est l'organe? De quelque éloquence astucieuse qu'il puisse être doué, quelqu'habitude qu'il ait pu contracter dans sa carrière politique (et les talens de ce genre ne sont pas rares) de dénaturer les choses, et, pour me servir d'une expression proverbiale mais énergique, quel que soit son art de *dorer la pilule*, je suis encore à concevoir comment il pourra s'y prendre pour prouver à la Chambre :

1°. Que la proposition de changer la loi des élections n'a rien d'injurieux pour elle ;

2°. Que ce changement servira merveilleusement la liberté publique ;

3°. Qu'il ne déroge en rien à la Charte ;

4°. Qu'il ne peut que tourner au profit de la nation.

Pour prouver ces quatre hypothèses, la volonté sans doute ne lui manquera pas. Il entassera des phrases sur des phrases, cou-

dra des mots insignifians à d'autres mots
plus insignifians encore, déployera tout le
machiavélisme de la parole dont nous avons
vu de savans professeurs donner en 1815
d'éclatantes leçons. Voyez la loi d'amnistie,
etc............. Mais prenons pitié de son
embarras, épargnons-lui tout cet amas d'absurdités et de réticences qui voilent toujours
mal les intentions perfides, et ne sauraient
en imposer qu'aux sots. Voilà, si je ne me
trompe, le sens textuel du discours qu'il
devra prononcer dans cette mémorable circonstance. Ses expressions seront sans
doute différentes; mais qu'importent les
expressions quand le fond est le même ?

« Représentans, sera-t-il obligé de leur
» dire, vous vous intitulez fièrement les
» députés du peuple français, les représen-
» tans des libertés nationales. La Charte
» vous avait fait espérer que tel serait le
» rôle que vous alliez être appelés à jouer.
» Représentans, vous avez été jusqu'ici
» dans l'erreur. Vous ne devez point re-
» présenter le peuple. Qu'est-ce que le peu-
» ple a besoin de représentans ? la taille, la
» dîme et la corvée, voilà son partage. En-
» core faut il, honorables représentans, que

4

» vous représentiez quelque chose. Rassu-
» rez-vous , la France aura des représen-
» tans ; mais je vous le dis tout bas, n'allez
» pas révéler mon secret, au moins ; ceci
» doit rester *in petto*. Oui, la France aura
» des représentans, mais ces représentans
» ne représenteront rien ; ou s'ils représen-
» tent quelque chose , ils ne représente-
» ront que la partie aristocratique de la
» nation, c'est-à-dire les grands proprié-
» taires , qu'il est si facile au gouverne-
» ment de s'attacher par des grâces et par
» des honneurs. Vous voyez , Messieurs,
» que rien n'est plus moral , que rien n'est
» plus conforme à la Charte , et que la li-
» berté recevra de cette institution un
» prodigieux accroissement. La Chambre
» des députés sera donc la succursale de
» la Chambre des pairs ; ainsi les deux
» Chambres composées des mêmes élé-
» mens, se donneront toujours la main
» quand il s'agira d'appesantir le joug de
» ce peuple récalcitrant , qui croit que
» parce qu'il paie l'impôt, défend la pa-
» trie , nourrit l'Etat, et obéit aux lois,
» c'est une raison pour qu'il soit libre, et
» pour que l'oppression ne pèse plus sur

» sa tête. Vous sentez, Messieurs, com-
» bien sont ridicules des prétentions sem-
» blables. Aussi, grâce au projet que nous
» avons l'honneur de vous présenter, on
» ne verra plus cette Chambre manifester
» une opposition coupable aux ordres du
» pouvoir. Bien loin de cela, quand on
» présentera des lois d'amnistie, on forcera
» la main au monarque, et on promulguera
» des lois de vengeance ; ce qui ne laissera
» pas que d'être réjouissant pour les amis
» de l'humanité. Comme aussi pareillement,
» honorables représentans, lorsque le bud-
» jet de l'Etat sera présenté, on se hâtera
» de le sanctionner les yeux fermés, en
» observant d'y ajouter plutôt quelques
» milliards que d'y retrancher un seul
» million : car tel est notre bon plaisir,
» etc..... etc....... »
De bonne foi, car il est temps de mettre
fin à des expressions qui ne feraient qu'exciter le rire du mépris, tandis que c'est le cri
de l'indignation nationale qu'il appartient
d'appeler sur des mesures aussi destructives
de toute liberté, comment peut-on se per-
suader qu'un ministre parviendra jamais à
fasciner les yeux d'une assemblée éclairée,

au point de lui faire sanctionner comme utiles au bonheur de la nation, des dispositions qui doivent la plonger pour jamais sous le joug du despotisme et de l'aristocratie ? Comment dire décemment à une Chambre, que les élections des deux dernières années n'ont amené sur les banquettes nationales que des révolutionnaires ? car c'est le nom sous lequel on désigne ces généreux citoyens. Comment, dis-je, annoncer à une Chambre que ses deux cinquièmes sont des factieux, et qu'une grande partie des députés composant les trois autres cinquièmes, et qui partagent les opinions de ces derniers, sont pareillement des hommes dangereux que le gouvernement redoute ? N'en doutons point, la honte retiendrait le ministre ; il se respecterait trop lui-même, pour frapper d'une aussi foudroyante réprobation des hommes que l'opinion, légalement consultée, de la nation française, a appelés à défendre ses droits. Ce serait insulter à cent mille électeurs qui ont cru, pendant les deux dernières années, n'obéir qu'à un devoir sacré que leur prescrivait l'amour de leur pays ; ce serait déshonorer la nation aux yeux de l'Europe ; et certes, la nation ne se laisserait pas déshonorer impunément.

CHAPITRE VIII.

Quels sont les reproches adressés aux députés composant les deux derniers cinquièmes de la Chambre des communes ?

CET acharnement inconcevable contre les hommes appelés à la Chambre par les deux dernières élections, nous semble,

1°. Injuste ;

2°. Injurieux au peuple français ;

3°. Mal déguisé.

Il est injuste, en ce qu'il semble désigner comme des perturbateurs de l'ordre public, et comme des brandons de discorde, des hommes qui se sont de tout temps fait remarquer par la sagesse de leurs opinions et la modération de leur conduite, et ces deux motifs sont ceux qui ont le plus influé sur la détermination des électeurs qui leur ont donné leur voix.

2°. Il est injurieux au peuple français. En effet, si l'on suppose que le peuple français a donné ses voix à des révolutionnaires en les connaissant pour tels, c'est supposer que le peuple français est ami des révolutions. Or, il est évident que c'est calomnier un grand peuple qui a pu donner l'exemple d'une révolution terrible dans ses effets, mais dont tous les efforts n'avaient tendu qu'à la conquête de sa liberté, et qui a déjà prouvé, dans une circonstance des plus graves, par sa profonde résignation, qu'il savait faire le sacrifice de ses ressentimens, pourvu que ses droits fussent respectés.

3°. Enfin, cet acharnement est mal déguisé sous le nom que lui donnent les ennemis de nos libertés. En effet, il est évident que les hommes monarchiques ne croient pas un mot de ce qu'ils disent. Les choses changent de nom dans leur bouche, au gré de leur haine et de leur passion. L'amour de la liberté c'est, selon eux, l'amour du désordre ; l'attachement à la constitution devient rebellion ; la modération prend le nom d'intentions criminelles. Ainsi les hommes monarchiques se plaisent à dénaturer les opinions, la conduite, et jusqu'aux vertus de leurs ennemis. Un homme s'est montré irréprochable depuis l'origine de nos troubles ; il a opposé un bouclier d'airain aux excès de la licence et aux entreprises du pouvoir ; cet homme aime sa patrie, l'a servie avec honneur ; ce ne peut être qu'un révolutionnaire. Ces récriminations personnelles, ces outrages dirigés contre ce que la France possède de plus intègre, de plus irréprochable, ne seront-ils point réprimés ? Quelques hommes surtout ont l'honorable privilége de voir la haine de ces perturbateurs s'attacher à tous leurs pas. De combien d'injures n'a pas été l'objet ce défenseur de la liberté américaine, ce La Fayette qui, appelé à l'aurore de notre révolution sur la scène des événemens politiques, donna un des premiers l'exemple de ce caractère plein de grandeur, d'humanité et de désintéressement, qui ne s'est jamais démenti depuis ! Lorsque la licence usurpait, en 90 et 91, les couleurs de la liberté qu'elle compromettait par ses fureurs, M. de La Fayette, à la tête de cette immortelle garde nationale qui lui doit sa création, et qui n'était pas alors dénaturée comme aujourd'hui, M. de la Fayette, dis-je, comprima long-temps les cruautés révolutionnaires, et la France lui est redevable d'une multitude de ses enfans que son courage a dérobés à la mort, souvent au péril de sa vie. Lorsqu'ensuite le despotisme eut succédé à l'anarchie, cet homme de bien qui les détestait tous deux, resta étranger aux faveurs impériales, déroba sa tête au joug doré que présentait le despote, et, du fond de sa paisible retraite, applaudit à nos triomphes tout en déplorant la perte de nos libertés. Si la nation qui se souvient des actions généreuses, comme elle ne perd pas la mémoire des persécutions, va chercher ce sage dans sa retraite profonde, et nouveau Numa l'appelle à venir éclairer de son expérience ses mandataires, à l'instant les hommes monarchiques font entendre leurs clameurs ; les calomnies s'accumulent sous leur plume ; et, à les entendre, le guerrier pacifique et philosophe n'est qu'un infâme démagogue sur la tête duquel on ne saurait trop tôt appeler la proscription.

Un avocat s'est annoncé, dès les commencemens de sa carrière, par les sentimens les plus grands et la plus généreuse éloquence ; sa voix désintéressée a tonné contre l'arbitraire, et a servi de soutien à l'innocence opprimée. Appelé, à une époque périlleuse, à représenter la nation, il s'est montré digne de cette glorieuse mission , et le despotisme n'a pas rencontré d'ennemi plus redoutable. Ces titres suffisent à des électeurs français , et deux départemens se disputent l'honneur de l'avoir pour leur mandataire : c'en est assez pour que la haine des hommes monar-chiques le poursuive , et la pureté de ses intentions généreuses ne sera pas même respectée.

Nous ne releverions pas ces ridicules inculpations , ces atroces accusations , si elles ne contribuaient à égarer la conscience d'une foule d'honnêtes gens qui sont naturellement portés à ne voir dans des noms rendus fameux à une époque redoutable , que des présages de révolutions nouvelles , et qui , sans examiner les motifs qui font parler les ennemis des libertés nationales , confondent dans la même proscription les hommes et les choses.

Ainsi, au sujet de la proposition qui nous occupe , ils vous diront que leur unique but est d'éloigner de nos assemblées ces hommes dont le nom seul est , selon eux , une calamité. Si l'on veut les en croire, le peuple qui a préludé à ses élections par le général La Fayette, finira par le conventionnel Barrère.

Les insensés !... qui affectent de ne mettre aucune différence entre 89 et 93 , qui confondent la victime avec le bourreau, l'homme qui vote la mort du roi avec celui qui , à la nouvelle des outrages faits dans la journée du 10 août à la famille royale , quitta momentanément l'armée qu'il commandait , pour venir solennellement protester , à la barre nationale, contre cette affreuse journée ! Mais ce n'est pas sur de grossières inculpations , dénuées de toute espèce de fondement , qu'il faut baser des mesures législatives. Pour prouver la nécessité de substituer une nouvelle loi à la loi existante , sous prétexte que cette loi a appelé à la tribune nationale des hommes dangereux , il faut prouver que depuis le moment où ils siégent parmi nos représentans , leur conduite a donné lieu à ces accusations insensées. Ces prétendus révolutionnaires , dont quelques-uns siégent depuis 1817 , ont-ils proposé quelque mesure révolutionnaire ? ont-ils fait des motions tendant à détruire l'ordre de la société , à changer la forme du gouvernement ? Lorsqu'ils ont eu des injustices à réparer , des mesures conformes à la Charte à réclamer , des doctrines anti-constitutionnelles à repousser , n'ont-ils pas mis dans leurs paroles une énergie calme et réfléchie ? leurs discours ont-ils paru sortir de la bouche de démagogues ? Bien loin de là ; ils n'ont pas réclamé tout ce qu'ils pouvaient réclamer à juste droit ; ils ont attendu de la sagesse du gouvernement, des dispositions qu'appelle depuis long-temps l'esprit du siècle, comme la cessation des mesures arbitraires, le rapport des lois de proscriptions et de vengeance. Que leur reproche-t-on donc à ces hommes ? On leur reproche leur patriotisme, l'indépendance de leurs opinions, la fermeté de leur caractère. Nos ennemis savent que tant que de tels hommes siégeront à la Chambre nationale, la nation aura des représentans dignes d'elle, de courageux interprètes de ses vœux et de ses besoins ; ils savent que tant que de tels hommes siégeront à la Chambre nationale, leurs tentatives pour nous ramener le despotisme et les priviléges seront repoussées ; ils savent, que les libertés nationales, les droits des peuples, les garanties constitutionnelles, n'auront jamais de défenseurs plus sincères, de protecteurs plus énergiques. Nos ennemis le savent ; ils ont pu s'en convaincre dans le cours de la dernière session, et depuis le commencement de la session actuelle ; ils le savent, et leur ambition ne sera satisfaite que lorsqu'ils auront privé le peuple de ses plus fermes appuis, et exilé de la tribune nationale ces généreux représentans : voilà qui explique la chaleur imprudente avec laquelle ils prônent la proposition de M. de Barthélemy ; mais ne désespérons point de voir leurs efforts tourner à leur honte. Nous croirions faire injure à la Chambre des députés, si nous pensions qu'elle pût hésiter un instant à repousser à l'unanimité des dispositions législatives aussi injurieuses. Il n'y a point ici acception de parti ; tous les partis doivent se réunir en un seul et déposer leurs rivalités, lorsqu'il s'agit de sauver l'honneur des représentans du peuple français. Royalistes, indépendans, ministériels, réunissez-vous pour repousser l'insolente attaque que la Chambre aristocratique vous prépare. Aucun de vous ne donnera sa voix à l'innovation qu'on médite : ce serait avouer, en présence de l'Europe, que vous ne représentez point légalement le peuple français, et aucun de vous, quel que soit le parti qu'il défende, ne se fera à lui-même

l'injure de convenir d'une fausseté aussi ré-
voltante.

Indépendans, c'est contre vous, surtout,
qu'est dirigée l'attaque ; vous prouverez ,
par votre imposante attitude , que vous se-
rez toujours dignes des éloges que la nation
vous décerne : vous repousserez la proposition.

Royalistes , vous vous souviendrez que
vous êtes enveloppés dans la proscription
générale ; vous ne frapperez pas de nullité,
en donnant votre assentiment à la proposition , les actes d'une assemblée dont vous
avez fait partie , actes auxquels plusieurs
d'entre vous ont prêté l'appui d'un grand
caractère et d'une noble éloquence : vous
repousserez la proposition.

Ministériels , vous n'oublierez pas que la
loi des élections est principalement votre
ouvrage, que la majorité de vos suffrages
l'a sanctionnée ; vous n'oublierez pas que
cette majorité a failli abandonner le dernier
ministère , dans la crainte où vous étiez qu'il
ne vous proposât l'innovation qu'on se prépare à vous proposer aujourd'hui : vous repousserez la proposition.

Electeurs , on veut frapper de réproba-

tion les choix que vous avez faits jusqu'ici ;
ces choix déplaisent à certains hommes ,
qui prétendent contester à la plupart d'entre
vous le droit de choisir les représentans de
la patrie. Electeurs , on s'apprête à substituer au mode d'élections dont nous avons
recueilli les heureux fruits , un mode anti-
patriotique , réprouvé par la raison et la
liberté. On veut vous classer par catégo-
ries ; vous ne seriez plus que des électeurs
d'électeurs ; vous vous verriez forcés d'a-
bandonner le choix de vos députés à quelques hommes à priviléges , qui en useraient
comme ils en ont usé. Electeurs , songez à
1815 ; ne vous laissez pas dessaisir du plus
noble privilége d'un citoyen. Dans ces graves
circonstances , que vos réclamations s'élè-
vent de toute part jusqu'au trône , d'où doit
émaner toute justice. Encouragez vos mandataires à résister à une funeste invasion.
Electeurs , si la loi des élections succombe
sous les efforts qui la menacent , c'en est
fait de la liberté : la Charte ne serait qu'un
vain mot ; ses dispositions ne seraient que
des réglemens provisoires susceptibles de
recevoir toutes les modifications que le despotisme et l'aristocratie voudraient leur faire

subir. Si la loi des élections succombe, les bases fondamentales de la Charte s'écrouleront successivement, aujourd'hui l'une, demain l'autre. Et qui sait si, quelque jour, l'inviolabilité des propriétés nationales ne sera pas mise en problême? Encore une fois, électeurs, songez à 1815 !

Pour nous, nous nous félicitons d'avoir rempli la tâche d'un bon citoyen ; nous ne rétracterons pas un mot de cet écrit, qui contient la profession de foi d'un grand peuple sur le plus cher de ses droits. Nous n'avons rien déguisé; nous avons fait connaître au gouvernement les dangers qui menacent la nation et qui le menacent lui-même ; ce ne sera pas notre faute, si nos avis sont dédaignés: nous aurons acquitté notre conscience. Nous terminerons par une dernière observation que nous croyons important de soumettre au monarque et à ses ministres.

Les hommes prétendus monarchiques ne cessent de reporter notre pensée aux premiers temps de la révolution française ; ils déguisent habilement les motifs et les principes qui ont présidé à nos premiers changemens politiques ; et, dans leur zèle anti-national, ils font ressortir, avec une secrète

joie , les crimes et les erreurs qui ont entouré
le berceau de la liberté. Alors , fiers du hi-
deux tableau qu'ils viennent d'esquisser, on
les entend s'écrier orgueilleusement : « Des
» causes semblables doivent produire des
» effets semblables. La France se trouve évi-
». demment au même état où elle se trouvait
» en 89 ; 89 fut suivi de 93 : qui sait ce qui
» suivra 1819 ? »

Puisque les hommes monarchiques prétendent aussi affirmativement voir dans les
événemens dont nous avons été les témoins,
une image de ceux qui attendent la généra-
tion présente , nous ne reculerons pas devant
la leçon des exemples , nous nous emparerons
comme eux de la ressemblance qui existe
entre ces deux époques , et nous en dédui-
rons aussi une leçon importante que nous
soumettrons à leurs réflexions. 89 fut témoin,
comme l'époque actuelle , de concessions
importantes que voulut abroger ensuite un
gouvernement faible et imprudent. Ce gouvernement oublia alors , comme le gouvernement actuel semble vouloir l'oublier aujourd'hui, qu'on ne revient pas sans danger
sur des concessions faites à un peuple fort
et redoutable. Alors comme aujourd'hui ,

l'aristocratie conspirait la perte de la démocratie; alors comme aujourd'hui, un parti
insensé prétendait contester au roi la liberté
de faire des concessions à son peuple, et
s'empressait de faire annuller ces concessions lorsque le peuple commençait à peine
à en jouir. Les uns et les autres ont trouvé
des obstacles dans une représentation forte
et indépendante. Jusqu'ici la ressemblance
est frappante de vérité.

Je ne sais si le gouvernement actuel imi-
tera jusqu'au bout l'imprudence du gouvernement de 89 ; je ne sais si le trône voudra
prendre en main, comme alors, les intérêts
du petit nombre contre le grand nombre ;
je ne sais si, dans le cas d'une opposition de
la Chambre nationale (opposition qu'on ne
saurait révoquer en doute, d'après les raisons énoncées plus haut), le trône se résou-
dra à dissoudre l'assemblée opposante, en
ne laissant au peuple français aucun espoir
de retrouver une autre représentation lé-
gale, puisque la loi des élections, qui seule
pourrait en procurer une semblable, aurait
été frappée par le trône d'une manifeste réprobation ; je ne sais, dis-je, ce qui résulte-
rait de ce conflit de l'aristocratie contre la

démocratie , des gouvernans contre les gouvernés ; je ne cherche pas même à le savoir : mais je me souviens que dans une semblable circonstance , à une époque qui est encore présente à notre mémoire, l'orateur du tiers-état , Mirabeau , s'avança au milieu de cette assemblée , et prenant sur lui d'exprimer les sentimens de chacun de ses membres , déclara que : « le tiers-état se » constituait en assemblée nationale ; que lui » et ses collègues étaient réunis en vertu de » la constitution et en vertu de leurs mandats, et qu'ils ne se sépareraient que par la » force des baïonnettes... » — Je sais que les baïonnettes sont pour l'ordinaire la dernière raison des rois, *ultima ratio regum* ; mais il vient un temps où les baïonnettes sont impuissantes et où la prudence et la raison sont les seuls moyens propres à sauver les empires.

FIN.

TABLE

DES MATIÈRES.